BEI GRIN MACHT SICH IHR WISSEN BEZAHLT

- Wir veröffentlichen Ihre Hausarbeit, Bachelor- und Masterarbeit
- Ihr eigenes eBook und Buch - weltweit in allen wichtigen Shops
- Verdienen Sie an jedem Verkauf

Jetzt bei www.GRIN.com hochladen und kostenlos publizieren

Florian Jakubowski

Theoretisch praktikable Wirtschaftsethik durch Bildung und Erziehung

Bibliografische Information der Deutschen Nationalbibliothek:

Die Deutsche Bibliothek verzeichnet diese Publikation in der Deutschen Nationalbibliografie; detaillierte bibliografische Daten sind im Internet über http://dnb.d-nb.de/ abrufbar.

Dieses Werk sowie alle darin enthaltenen einzelnen Beiträge und Abbildungen sind urheberrechtlich geschützt. Jede Verwertung, die nicht ausdrücklich vom Urheberrechtsschutz zugelassen ist, bedarf der vorherigen Zustimmung des Verlages. Das gilt insbesondere für Vervielfältigungen, Bearbeitungen, Übersetzungen, Mikroverfilmungen, Auswertungen durch Datenbanken und für die Einspeicherung und Verarbeitung in elektronische Systeme. Alle Rechte, auch die des auszugsweisen Nachdrucks, der fotomechanischen Wiedergabe (einschließlich Mikrokopie) sowie der Auswertung durch Datenbanken oder ähnliche Einrichtungen, vorbehalten.

Impressum:

Copyright © 2013 GRIN Verlag GmbH
Druck und Bindung: Books on Demand GmbH, Norderstedt Germany
ISBN: 978-3-656-35145-0

Dieses Buch bei GRIN:

http://www.grin.com/de/e-book/205427/theoretisch-praktikable-wirtschaftsethik-durch-bildung-und-erziehung

GRIN - Your knowledge has value

Der GRIN Verlag publiziert seit 1998 wissenschaftliche Arbeiten von Studenten, Hochschullehrern und anderen Akademikern als eBook und gedrucktes Buch. Die Verlagswebsite www.grin.com ist die ideale Plattform zur Veröffentlichung von Hausarbeiten, Abschlussarbeiten, wissenschaftlichen Aufsätzen, Dissertationen und Fachbüchern.

Besuchen Sie uns im Internet:

http://www.grin.com/

http://www.facebook.com/grincom

http://www.twitter.com/grin_com

Bildung und Erziehung als Ausgangspunkt einer theoretisch praktikablen Wirtschaftsethik

Wissenschaftlicher Aufsatz

Florian Jakubowski
(1. Staatsexamen Wirtschaft u. Verwaltung/Ethik)

Inhaltsverzeichnis

1. Einleitung 3

2. Ausgangsproblematik 4

3. Das menschliche Handeln als Ansatzpunkt einer angemessenen
Wirtschaftsethik 5

4. Das reale menschliche Handeln und seine Folgen für eine angemessene
Wirtschaftsethik 7

5. Die unberechtigte Kritik gegen eine individualistische Wirtschaftsethik 10

6. Bildung und Erziehung des Einzelnen als Lösungsansatz für eine
angemessene Wirtschaftsethik 11

7. Fazit 13

8. Quellenverzeichnis 14

1. Einleitung

Das Gegensatzproblem zwischen den beiden Disziplinen die der Wirtschaft und die der Ethik, ist eines der größten Probleme, welches sich bei der Konstruierung einer angemessenen Wirtschaftsethik ergibt. Ausgehend von der Frage inwiefern ist es möglich die beiden Disziplinen Wirtschaft und Ethik miteinander, für eine sinnvolle Konstruktion einer angemessenen Wirtschaftsethik zu vereinbaren, versucht diese Arbeit einen Lösungsansatz zu entwickeln, welcher dieser Problemstellung gerecht wird. Natürlich kann durch diese Arbeit, auf Grund des begrenzten Rahmens, keine umfassende Lösung dieses Problems entwickelt werden. Sie dient vielmehr als Anstoß sich mit dieser Problematik auseinanderzusetzen und einen möglichen Lösungsansatz des Problems vereinfacht darzustellen. Um das Kernproblem dieser Arbeit zu skizzieren wird zunächst in einem ersten Schritt die Ausgangsproblematik skizziert. Anhand der beiden derzeitig in der wirtschaftsethischen Diskussion bestehen Theorien der ökonomischen Ethik und der integrativen Wirtschaftsethik wird gezeigt, dass derzeitig keine Lösung existiert welche eine angemessene theoretisch praktikable Wirtschaftsethik ermöglicht. Für die Entwicklung eines möglichen Lösungsansatzes wird in einem weiteren Schritt versucht Unterschiede und vor allem Gemeinsamkeiten der beiden Disziplinen Wirtschaft und Ethik aufzuzeigen. Durch die Reflexion auf die reale Lebenswelt wird das menschliche Handeln, als gemeinsamer Ausgangspunkt für einen Lösungsansatz herauskristallisiert. Im Folgenden werden die Folgen des menschlichen Handelns in Bezug auf ihre wirtschaftsethische Relevanz, in Hinblick auf die Konstruktion einer angemessenen Wirtschaftsethik diskutiert. Schließlich wird versucht die Kritik gegen eine individualistische Wirtschaftsethik zu widerlegen und die Probleme einer institutionellen Wirtschaftsethik aufzuzeigen. Zusätzlich werden Überlegungen darüber angestellt wie das menschliche Handeln beeinflussbar ist und abschließend ein Lösungsansatz dargestellt der eine Steuerung des menschlichen Handelns ermöglichen könnte und somit eine mögliche Konkurrenz gegenüber den derzeitig herrschenden Diskussionen darstellt.

2. Ausgangsproblematik

Die Frage danach, wie man die beiden Disziplinen Ökonomik und Ethik im Sinne einer Wirtschaftsethik vereinbaren kann, ist einer der Streitpunkte in der noch jungen Disziplin der Wirtschaftsethik. Es gab in der Vergangenheit mehrere theoretische Versuche sich dieser Problematik zu stellen. Die wohl bekanntesten beiden sind auf der einen Seite „Die integrative Wirtschaftsethik" von Peter Ulrich und auf der anderen Seite „Die ökonomische Ethik" von Karl Homann und Christoph Lütge. Beschäftigt man sich mit diesen beiden Theorien so wird schnell klar, dass es sich um zwei völlig unterschiedliche Standpunkte im Sinne einer Wirtschaftsethik handelt. Während Ulrich in seiner Theorie vorschlägt die Wirtschaft in die Ethik zu integrieren, so lassen Homann und Lütge lieber der Wirtschaft den Vorrang vor der Ethik. Fügt man nun zu dieser Tatsache den Baustein der theoretischen Umsetzbarkeit beider Theorien in der Realität hinzu, so wird schnell klar, dass beide Theorien erhebliche Schwierigkeiten mit sich bringen. Wenn Ulrich glaubt, dass er die Wirtschaftssubjekte durch die Erweiterung der ökonomischen Rationalitätsidee zum ethisch vernünftigen Wirtschaften bringen kann, während diese in der Realität bei der Verwaltung von knappen Ressourcen nur sehr gering zugänglich sind für moralische Denkweisen, dann gehört dazu schon eine gewisse Blauäugigkeit, zumal die ökonomischen Kalküle nicht vor dem wirtschaftlichen Handeln der Menschen entstanden sind sondern als idealisiertes Abbild des menschlichen Handelns zu sehen sind. Eine Änderung der wirtschaftlichen Rationalitätsidee und deren Kalküle würde also in der Realität, ohne die Androhungen politischer Sanktionen für die nicht Einhaltung, schlichtweg nichts bewirken da die Wirtschaftssubjekte sie aus dem reinem Trieb des ökonomischen Gewinnstrebens nicht anerkennen und unterwandern würden. Auf weitere Mängel dieser Theorie werden wir noch etwas später zurückkommen. Aber nicht nur Ulrichs sondern auch Homann und Lütges Theorievorschlag birgt erhebliche Mängel in sich, welche die Theorie für die Praxis untauglich machen. Zwar ist der Grundgedanke Wirtschaftsethik als eine allgemeine Ethik mit ökonomischer Methode[1] zu betrachten, nicht grundsätzlich fehlerhaft gedacht, die Umsetzung, die sie vorschlagen, ist jedoch höchst bedenklich. Die Geschichte lehrt uns, dass der Versuch enge Spielregeln und Spielzüge für wirtschaftliche Handlungen und Handlungsbedingungen zu schaffen zum Scheitern verurteilt ist, da es langfristig zur so genannten Schattenwirtschaft und zum Wohlfahrtsverlust einer Gesellschaft führt. Beispielhaft kann hier die Geschichte der DDR angeführt werden. Nach heutigem

---

[1] Homann/Lütge, Einführung in die Wirtschaftsethik, S. 19

Wissensstand geht man davon aus, dass lediglich die Schaffung von Handlungsbedingungen (Rahmenbedingungen) sinnvoll für eine vernünftige Marktwirtschaft ist.[2] Auch von philosophischer Seite können Bedenken gegen die Einführung von Spielregeln für das wirtschaftliche Handeln vorgebracht werden. So kann man sagen, dass die Einführung von solchen Regeln immer einen Verlust von Freiheit menschlichen Handelns darstellt und sich die Frage stellt, wer solche starken Regeln überhaupt durchsetzen sollte und mit welchen Konsequenzen. Wie kurz ausgeführt wurde bringen beide Theorievorschläge, vor allem in der Anwendbarkeit für die Praxis erhebliche Probleme mit sich. Die Frage wie die beiden normativen Theorien Ethik und Ökonomik miteinander sinnvoll und praktikabel zu vereinbaren sind, ist eine Frage, bei der man bei dem Menschenbild innerhalb dieser Theorien ansetzen muss um sie beantworten zu können.

3. Das menschliche Handeln als Ansatzpunkt einer angemessenen Wirtschaftsethik

Zunächst muss einmal geklärt werden was man unter den Begriffen Ethik und Ökonomik versteht. Unter Ethik versteht man gemeinhin die wissenschaftliche Disziplin bzw. Theorie der Moral,[3] hingegen für Ökonomik eine geeignete Definition zu finden ist schon etwas schwieriger. Eine der bekanntesten Definition beschreibt die Ökonomik als Wissenschaft von der Wirtschaft, was allerdings teilweise zu Schwierigkeiten führt da sich die Wissenschaft durch ihren Gegenstandsbereich definiert.[4] Aus diesem Grund soll hier die Definition von Lionel Robbins als Grundlage gelten nach der Ökonomik die Wissenschaft ist, welche das menschliche Verhalten untersucht als eine Beziehung zwischen Zielen und knappen Mitteln, die unterschiedliche Verwendung finden können.[5] Der Frage, der man sich zu aller erst zuwenden muss, wenn man Ethik und Wirtschaft im Sinne einer angemessenen Wirtschaftsethik miteinander vereinbaren will, ist die Frage danach was diese beiden normativen Theorien von einander grundlegend unterscheidet und welche Gemeinsamkeiten sie in sich bergen. Natürlich kann man wie Homann und Lütge es tun diese Frage umschiffen indem man sagt es gibt zwei Theorieoptionen, die eine schreibt den Gegensatz zwischen Wirtschaft und Moral fest und die andere betrachtet die Ökonomie als Fortsetzung der Ethik

---

[2] Diese Schlussfolgerung resultiert aus den gängigen Wirtschaftstheorien unter anderem von Adam Smith, Walras, Jevons, Cournot und Gossen
[3] Vgl. Höffe, Otfried, Lexikon der Ethik, S. 61
[4] Vgl. Homann/Suchanek, Ökonomik Eine Einführung, S. 2
[5] Vgl. Homann/Suchanek, Ökonomik Eine Einführung, S. 3

aus der sie entstanden ist.[6] Aber löst das entscheiden für die zweite Positionen die tatsächlichen Gegensätze dieser beiden Theorien auf oder ist sie viel mehr eine eigentliche Flucht vor dem Gegensatzproblem? Auch Ulrich umschifft mit seinem Vorschlag für eine integrative Wirtschaftsethik das Gegensatzproblem gekonnt. Er glaubt das sich das Problem dieser Zwei-Welten-Konzeptionen, wie er es nennt, von allein auflöst wenn man nur die wirtschaftlich Rationalitätsidee erweitert, hin zu einer Vernunftethik des Wirtschaftens.[7] Diese Vorgehensweise des Umschiffens des eigentlichen Gegensatzproblems stellt beide Theorievorschläge schon im Ansatz auf ein wackliges Fundament, in dem Sinne das diese Theorien keine fundamentalen Lösungen für die Vereinbarkeit der beiden Theorien Wirtschaft und Ethik sein können. Um die wirklich grundlegenden Gegensätze und Gemeinsamkeiten der Ethik und der Ökonomik erfassen zu können, muss man zu allererst auf das Menschenbild schauen welches hinter beiden Theorien steht. Nun ist es selbst für jemanden der nur über elementare Kenntnisse der Ökonomie verfügt nicht schwierig zu erkennen, dass der Ökonomik ein negatives ja fast schon Hobbessches Menschenbild vorausgeht. Die Ökonomik geht davon aus, dass der Mensch ein habgieriger, egoistischer Nutzenmaximierer ist, welcher nichts tut ohne seines eigenen Vorteils willen. Die Ethik hingegen versteht den Menschen, spätestens seit Aristoteles „zoon politicon" als ein gesellschaftliches eher altruistisches Wesen. Schon hieran wird die Diskrepanz zwischen der Ethik und der Ökonomik deutlich sichtbar. Was haben aber diese beiden Theorien gemeinsam? Besitzen Sie einen gemeinsamen Punkt der es ermöglicht Sie miteinander zu vereinbaren? Die Antwort auf diese Frage lautet ja. Beide Theorien sowohl die Ethik als auch die Ökonomik beschäftigen sich, wenn auch vielleicht auf unterschiedliche Art und Weise, mit dem menschlichen Handeln. Die Ethik tut dies zum Beispiel im Sinne der Moral um klassifizieren zu können was moralisch richtig oder falsch ist, die Ökonomik zum Beispiel im Sinne der Rationalität, um Handlungsanweisungen geben zu können welche den Nutzen der Individuen maximieren. Zu dieser Gemeinsamkeit kommt noch ein Faktum hinzu welches sich aus der Realität ableiten lässt. Ein realer Mensch vereint beide Potentiale die des Altruismus und die des Egoismus in sich. Er denkt einerseits an sich, wenn es darum geht zumindest seine Grundbedürfnisse zu befriedigen und andererseits an seine Mitmenschen wenn es darum geht nicht einsam leben zu wollen. Kant bezeichnete diese zweite Eigenschaft einst als die ungesellige Geselligkeit die ein Mensch sucht.[8] Aus dieser Eigenschaft des Menschen ergibt sich, dass bei realen menschlichen Handlungen beide Theorien die der

---

[6] Vgl. Homann/Lütge, Einführung in die Wirtschaftsethik, S. 19 - 20
[7] Vgl. Ulrich, Peter , Integrative Wirtschaftsethik, S.117
[8] Vgl. Weischedel, Wilhelm, Kant Schriften zur Anthropologie, Geschichtsphilosophie etc., S. 37

Ökonomik und die der Ethik eine Rolle spielen. Beide Theorien idealisieren demzufolge nur einen Teil eines realen Menschen und dessen Handlungen. Wenn aber beide Theorien bei realen menschlichen Handlungen wirklich eine Rolle spielen, dann muss es auch möglich sein beide Theorien im Sinne einer angemessenen Wirtschaftsethik miteinander zu vereinbaren. Der Grund dafür warum dies nur in der Realität gelingen kann, wenn man vom realen menschlichen Handeln ausgeht wird im folgendem Punkt dieser Arbeit ausgeführt.

4. Das reale menschliche Handeln und seine Folgen für eine angemessene Wirtschaftsethik

Werfen wir zunächst einen Blick auf die Menschen die im Sinne der Ökonomie handeln. Das Hauptbestreben solcher Menschen ist die Gewinnmaximierung bzw. Bedürfnisbefriedigung zu dem Zweck Wohlstand zu schaffen. Diesem Streben wird alles andere wie z.B. moralische Werte, Solidarität etc. untergeordnet, weil diese Faktoren dazu führen, wie Homann und Lütge schon beschrieben haben, dass man für Konkurrenten systematisch ausbeutbar wird.[9] Jetzt könnte man natürlich dem Vorschlag von Ulrich folgen und sagen na gut wenn jeder Mensch moralische Werte in die ökonomischen Vernunft mit einbezieht, dann löst sich das Problem der gegenseitigen Ausbeutung von ganz allein auf. Das Problem hierbei ist allerdings, dass dies nicht so einfach umsetzbar ist. Integriert man moralische Werte in die ökonomische Vernunft bedeutet dies für alle Beteiligten, aus ökonomischer Perspektive, einen Verlust an Wohlstand. Warum dies so ist liegt an den menschlichen Vorstellungen was man unter Wohlstand versteht. Wohlstand, in den Köpfen der Menschen ist nämlich vorrangig der absolut gesehen für sie mögliche materiell erreichbare Wohlstand. Dies führt dazu, dass nahezu alle Menschen in der Realität dazu geneigt sind immer erst zu optimieren und dann über Werte wie Moral usw. nachdenken. Diese Wertvorstellung von Wohlstand bekommt ein Mensch bereits im Kindesalter anerzogen. In der Realität wird sich demnach also keiner darüber Gedanken machen, wie es Ulrich fordert,[10] ob seine Handlung gegenüber allen Betroffenen legitim vertretbar ist wenn es darum geht seinen eigenen Nutzen zu maximieren. In diesem Sinne ist derzeitig eher das hobbessche Menschenbild dem des altruistischen vorgeordnet. Nun tritt allerdings bei einem Menschen, nach der Sättigung bestimmter Grundbedürfnisse, so etwas ein wie das Nachdenken über seine Mitmenschen. Vor allem wohlhabendere Menschen beteiligen sich aus verschiedensten Gründen an der Bekämpfung

---

[9] Vgl. Homann/Lütge, Einführung in die Wirtschaftsethik, S. 26
[10] Vgl. Ulrich, Peter , Integrative Wirtschaftsethik, S.123

von Armut oder sozialer Ungerechtigkeit. Natürlich liegt dies zum einen daran, dass diese Menschen tendenziell materiell gut abgesichert sind und es ihnen demzufolge leichter fällt von ihrem Vermögen etwas abzugeben. Aber warum geben sie überhaupt etwas von ihrem Vermögen ab? Tun sie es nur der öffentlichen Annerkennung wegen und aus welchem Grund helfen Menschen anderen Menschen obwohl sie gerade einmal selbst das nötigste zum leben besitzen? Der Hauptgrund dafür warum wir anderen Menschen behilflich sind sobald wir unsere eigenen Grundbedürfnisse gedeckt haben ist der, dass jeder von uns ein angeborenes Vermögen besitzt Mitgefühl zu empfinden. Jeder gesunde Mensch ist dazu in der Lage, zu einem gewissen Grad, die Lebensumstände eines anderen Menschen nachzuvollziehen. Wir tun dies indem wir uns z.b. vorstellen wie es uns gehen würde wenn wir nichts zu essen oder anzuziehen hätten. Wir übertragen demnach fiktiv das Leid anderer auf unsere eigene Lebenswelt und wägen ab wie wir in dieser Situation reagieren würden. Zumeist enden unsere Abwägungen damit, dass wir erkennen, dass das Leid der Person in die wir uns hineinversetzen für uns selbst untragbar wäre. Diese Schlussfolgerung liefert uns die Einsicht, dass wir Personen die sehr stark leiden, worunter auch immer, helfen müssen. Nun ist der Grad ab dem wir der Meinung sind das eine Person Hilfe bedarf bei jedem Menschen unterschiedlich. Einige von uns würden sagen, den Menschen die nichts zu essen haben und keine Kleidung besitzen muss geholfen werden. Andere sind wiederum der Auffassung, dass alle Menschen Menschenrechte besitzen die bis zu sozialen Teilhaberrechten reichen, sprich also z.B. ein Recht auf Arbeit etc. und jedem Menschen so lange geholfen werden muss bis diese Rechte verwirklicht sind.[11] Aber es gibt auch die Art von Menschen die nicht so leicht einsehen, dass sie anderen Menschen helfen sollten. Diese Menschen fragen meist danach, aus welchem Grund man einem anderen Menschen helfen sollte oder welchen persönlichen Vorteil bringt es mir wenn ich anderen Not leidenden Menschen helfe. Selbst diese Art von Menschen besitzen die Fähigkeit Mitgefühl zu empfinden, welche sie letztendlich dazu bewegt, spätestens in dem Zeitpunkt wo jemand aus der eigenen Verwandtschaft von Not betroffen ist, helfend einzuschreiten. An dieser Eigenschaft der Hilfsbereitschaft, selbst der Menschen die sonst nicht bereit sind Hilfe in Form von Überlebenshilfe zu geben, wird ersichtlich, dass ein Mensch kein reines egoistisches Wesen wie es sich Hobbes vorstellte sein kann. Bei jedem einzelnen Menschen ist demnach ein gewisser Grad von Altruismus vorhanden. Wann er zum Vorschein kommt hängt allerdings von verschiedenen Faktoren ab. Zum einem von dem Faktor der eigenen Bedürfnisbefriedigung und zum anderen nicht zu letzt von der Erziehung die er genossen hat bzw. von seiner eigenen Sozialisation. Menschen die

---

[11] Vgl. Lohmann/Fritzsche, Georg/Klaus Peter, Menschenrechte zwischen Anspruch und Wirklichkeit, S. 9-23

mit bestimmten moralischen Wertvorstellungen erzogen worden sind bzw. die diese im Rahmen ihrer eigenen Sozialisation sich angeeignet haben werden tendenziell eher dazu bereit sein, hilfebedürftigen Menschen zu helfen als solche die kaum moralische Wertvorstellungen besitzen. Festzuhalten bleibt, dass reale menschliche Handlungen niemals nur einseitig von ökonomischen oder moralischen Interessen der handelnden Person abhängen, sondern dass in der Realität eine Person immer komplexere Abwägungen vollzieht bevor sie bewusst handelt. Natürlich trifft dies nicht für jede menschliche Handlung zu. Hier sind ausschließlich Handlungen gemeint mit denen ökonomische oder moralische Interessen eines Menschen verbunden sind also Handlungen wie z.B. ob ich ein Gegenstand kaufe oder nicht oder ob ich jemandem helfe oder nicht etc.. Diese eben beschriebenen realen menschlichen Handlungen bilden als Folge für eine Wirtschaftsethik den Ausgangspunkt für die Vereinbarkeit der beiden Theorien der Ökonomik und der Ethik. Denn beide Theorien beziehen sich auf menschliche Handlungen, die eine aus dem Zweck heraus den größtmöglichen individuellen Nutzen zu erreichen und die andere um ein möglichst gutes gesellschaftliches Zusammenleben zu ermöglichen. Die Frage die es demnach zu beantworten gilt ist die Frage danach wie man einen Menschen dazu bringen kann moralische Werte in seine Optimierungskalküle, die er vor einer Handlung vollzieht, mit einzubeziehen. Diese Frage birgt einen erheblichen Unterschied zu Ullrichs bekannter Theorie bei welcher schlichtweg die ökonomische Rationalitätsidee dahingehend erweitert werden soll, dass sie vernunfethische Bedingungen schon einschließt.[12] Bei dieser Theorie unterschätzt Ullrich die egoistischen Individualinteressen die ein Mensch in seine Handlungen mit einbezieht. Nur durch die Änderung der Rationalitätsidee werden diese von einem Menschen nicht zurückgestellt, sondern es wird nach Wegen gesucht werden diese Idee zu unterwandern um sich einen Vorteil gegenüber seinen Mitmenschen zu verschaffen. Eine Lösung dieser Problematik kann demzufolge nur erreicht werden wenn man die egoistischen Individualinteressen eines Menschen beeinflussen kann, in der Form, dass diese selbst moralischer werden.

---

[12] Vgl. Ulrich, Peter, Integrative Wirtschaftsethik, S.121

5. Die unberechtigte Kritik gegen eine individualistische Wirtschaftsethik

In der aktuellen philosophischen Debatte, um eine angemessene Wirtschaftsethik, gibt es derzeitig nicht wenige Philosophen die der Auffassung sind, dass eine vernünftige Wirtschaftsethik nur eine so genannte institutionalistische Ethik sein kann. Solch eine Auffassung vertritt zum Beispiel Wolfgang Kersting der in seinem Buch: *Moral und Kapital*, als Grund für das Versagen einer eventuell individualistischen Wirtschaftsethik das Argument ins Feld führt, dass es sich bei einem Wirtschaftssystem um ein Handlungssystem handelt „ dessen gesamtgesellschaftlich erwünschte Leistungen von einer klugen individuellen Interessenverfolgung abhängig ist."[13] Diese kluge individuelle Interessenverfolgung moralisch motiviert zu handeln ist allerdings, so Kersting, auf jeden einzelnen Menschen bezogen nur unter erschwerten Verwirklichungsbedingungen möglich. Abgeleitet wird diese These aus der Konstruktion des Hobbesschen Naturzustandes bei dem Menschen die unter reinen Naturbedingungen leben sich in einem ständigem Kriegszustand jeder gegen einen jeden befinden, auf Grund ihres Selbsterhaltungstriebs.[14] Einfacher gefasst vertritt Kersting die Auffassung, dass das Problem einer angemessenen Wirtschaftsethik ein Problem ist welches sich aus dem kollektivem Handeln ergibt und aus diesem Grund es sich nicht durch individualistische Ansätze lösen lässt, weil das kollektive Handeln den Einzelnen gewisse Handlungseinschränkungen vorgibt, die das vorteilmaximierende Verhalten beeinflussen. Das Problem einer angemessenen Wirtschaftsethik ist also nach Kersting ein institutionalistisches. Natürlich ist das Problem der Wirtschaftsethik auch ein Problem des kollektiven Handelns, dem ist gar nicht zu widersprechen wenn man bedenkt das eine moderne Marktwirtschaft immer auch eine gewisse Eigendynamik entwickelt. Andererseits kann das Problem einer angemessenen Wirtschaftsethik nicht nur ein kollektives Problem sein da eine Marktwirtschaft ja erst durch individuelles Handeln entsteht. Jede marktwirtschaftlich ökonomische Theorie beginnt zunächst in der Grundlage mit dem individuellen Handeln. Hierfür gibt es eigens in der Ökonomie sogar einen separaten Wissenschaftszweig, welcher Mikroökonomie genannt wird. Wenn man demnach eine potentiell angemessene Wirtschaftsethik nur unter kollektiven Gesichtspunkten betrachtet verfehlt man irgendwo den Grundstein von den man aus eine solche Ethik konzipieren sollte. Man beschränkt sich dann nur lediglich darauf, wie es auch Kersting und Homann favorisieren, Spielregeln oder Rahmenbedingungen zu schaffen um das moralisch richtige kollektive Handeln den Subjekten

---

[13] Kersting, Wolfgang, Moral und Kapital, S.16
[14] Vgl. Kersting, Wolfgang, Moral und Kapital, S.15-16

aufzudrücken, vergisst aber dabei das sich Menschen nur bis zu einem gewissen Grad vorgeschriebenen Regeln beugen, nämlich nur so lange bis sie der Auffassung sind das die vorgegebenen Regeln nicht ihre persönliche Freiheit zu stark einschränken. Des Weiteren widerspricht eine zu starke Reglementierung der Wirtschaft der Idee einer Marktwirtschaft an sich, deren Zweck es eben gerade ist sich selbst zu regulieren. Wenn man beginnt eine Marktwirtschaft von außen mit moralischen oder anderen Vorstellungen zu reglementieren geht man in der Geschichte einen Schritt zurück, nämlich in Richtung einer Planwirtschaft. Eine angemessene Wirtschaftsethik ist aus diesem Grund quasi gezwungen individualistisch zu sein da sie am Grundstein (das einzelne Subjekt) ansetzen muss.

6. Bildung und Erziehung des Einzelnen als Lösungsansatz für eine angemessene Wirtschaftsethik

In den vorangegangen Abschnitten wurde versucht darzustellen, dass das menschliche Handeln im Sinne einer angemessenen Wirtschaftsethik vor allem von den individuellen Wertvorstellungen des Einzelnen sowie von einem gewissen Grad der Befriedigung von menschlichen Grundbedürfnissen abhängig ist. Das Empfinden der Befriedigung von subjektiven menschlichen Grundbedürfnissen ist wiederum abhängig von einzelnen Sozialisationsfaktoren, unter denen ein Mensch aufwächst oder denen er ausgesetzt ist, wenn man einmal von den Bedürfnissen absieht die ein Mensch besitzt um sein bloßes Überleben zu sichern. Die Frage die eine angemessene Wirtschaftsethik in diesem Sinne zu beantworten suchen muss, ist die Frage danach wie ich einen einzelnen Menschen dazu bringen kann, dass er moralische Werte mit in seine individuellen Nutzenkalküle mit einbezieht. Diese Aufgabe ist sicherlich keine leichte, da ein Mensch ein individuelles Wesen ist welches sich in seinen Charaktereigenschaften, Wertevorstellungen und Handlungsmotivationen je nach Sozialisation unterschiedlich ausbildet. Es gab in der Vergangenheit vor allem in der Ökonomie mehrere Versuche das menschliche Handeln zu beeinflussen um Menschen dazu zu bringen möglichst rational zu handeln. Ökonomen behandeln dieses schwierige Thema unter der Problematik von Anreizen. Zu diesem Thema werden ständig empirische Versuche durchgeführt, welche bisher alle samt zu dem Ergebnis führen, dass selbst wenn man Menschengruppen mit starken monetären Anreizen dazu bringen will rational zu handeln, es immer wieder in solchen Gruppen Ausreißer gibt welche aus den unterschiedlichsten Gründen sich irrational verhalten. Dies zeigt, dass das menschliche Verhalten von außen durch Anreize und somit auch durch Reglementierungen nicht so stark beeinflusst werden kann, das es zum

wünschenswerten Ergebnis führt. Übertragen auf das Ziel einer angemessenen Wirtschaftsethik bedeutet dies, dass man nach Möglichkeiten suchen muss das menschliche Handeln bei seiner Handlungsmotivation zu beeinflussen um moralische Werte in individuelle Nutzenkalküle mit einzubeziehen. Nun stellt sich die Frage wie man so eine Beeinflussung erreichen kann. Allgemein bekannt ist, dass ein Mensch in seiner Entwicklung im Sinne von Wertvorstellungen und Handlungsmotivationen am besten im kindlichen Alter beeinflussbar ist, da in diesem Alter nur eine begrenzte Anzahl von Sozialisationsfaktoren auf ihn wirken und er noch in der Findung seiner eigenen Wertvorstellungen steckt. Es ist demnach nahe liegend, dass man an dieser Stelle ansetzt. Wenn man sich darüber Gedanken macht durch welche Faktoren wir einen Menschen in seinem Handeln beeinflussen können, so gelangen wir zu der Erkenntnis, dass es nur Faktoren wie Erziehung und Bildung sein können welche einen Menschen in seinem Handeln beeinflussen können. Diese Erkenntnis ist nicht wirklich eine neue, denn schon im Zeitalter der Antike waren Platon und auch Aristoteles der Auffassung, dass das menschliche Handeln positiv durch Erziehung beeinflusst werden kann.[15] [16] Nun ist allerdings die Erziehung allein in manchen Situationen nicht ausreichend um dass gewünschte menschliche Handeln zu bewirken, denn um als einzelner Mensch sein handeln und die damit verbundenen Folgen richtig einzuschätzen bedarf es noch eines zweiten Faktors, nämlich der Bildung. Die Bildung eines Menschen besitzt einen unmittelbaren Einfluss auf seine Handlungsentscheidungen. Man muss kein Hellseher sein um festzustellen, dass ein gebildeterer Mensch bevor er eine Handlung vollzieht umfassender über diese und ihre Konsequenzen nachdenkt. Demnach ist um ein erwünschtes menschliches Handeln zu erreichen von entscheidender Bedeutung wie ein Mensch erzogen worden ist und zusätzlich welche Bildungsqualität er genossen hat, denn es ist von entscheidender Bedeutung, dass ein Mensch eine Handlung nicht nur aus Gewöhnung vollzieht sondern sie auch auf Grund seiner eigener Mündigkeit für richtig einschätzt.[17] Festzuhalten bleibt, dass das menschliche Handeln durch zwei Faktoren beeinflusst werden kann nämlich Bildung und Erziehung. Am sinnvollsten ist die Beeinflussung eines Menschen im kindlichen Alter, weil man in diesem Alter die größte Wirksamkeit auf eine spätere Handlungsentscheidung erreichen kann.

---

[15] Vgl. Platon, Politeia, 401b-402b
[16] Vgl. Aristoteles, Nikomachische Ethik, 1104a-1104b
[17] Vgl. Kant, Immanuel, Was ist Aufklärung, A 481-A485

7. Fazit

Wie in der vorliegenden Arbeit bruchstückhaft, auf Grund des begrenzten Rahmens, gezeigt wurde, ist es grundsätzlich möglich die beiden Theorien die der Ökonomik und die der Ethik im Sinne einer angemessenen Wirtschaftsethik zu vereinen, wenn man als Startpunkt beider Theorien das menschliche Handeln betrachtet. Sowohl die Versuche der ökonomischen Ethik als auch die der integrativen Wirtschaftsethik, so wurde versucht zu zeigen, umschiffen das eigentliche Problem welches zur Konstruktion einer angemessenen Wirtschaftsethik gelöst werden muss. Der Ausgangspunkt einer angemessenen Theorie der Wirtschaftsethik muss der einzelne Mensch an sich sein, dessen Handlungen immer von moralischen und egoistischen Interessen beeinflusst werden. Beide Theorien die der Ökonomik und die der Ethik gehen von ihren Grundannahmen her nur von einem idealisierten Menschenbild aus, welchem kein realer Mensch entspricht. Aus diesem Grund ist es für eine angemessene Wirtschaftsethik und überhaupt für die Vereinbarkeit der beiden benannten Theorien notwendig, dass der Ausgangspunkt einer Theorie der Wirtschaftsethik nur in dem realen Menschen und dessen Handlungen zu sehen ist. Die Annahme, dass sich Menschen entgegen ihres Freiheitsstrebens, durch von außen auferlegte Regeln, sich auf Dauer in ihren Handlungen beeinflussen lassen ist eine Illusion welche keine Lösung für das individualistische Problem einer angemessenen Wirtschaftsethik darstellt. Es ist vielmehr der Versuch das einzelmenschliche Problem zu verlagern auf die institutionelle Ebene. Diese Ebene kann aber rein logisch betrachtet nur dann eine Relevanz besitzen wenn man zunächst die Probleme der individuellen Ebene gelöst hat, weil nun mal auch Institutionen von einzelnen Individuen abhängig sind. Ein möglicher Lösungsansatz könnte demnach sein, dass einzelne menschliche Handeln welches abhängig ist von moralischen Wertvorstellungen und der Empfindung der Sättigung von Bedürfnissen schon im Kindesalter positiv zu beeinflussen, durch eine angemessene Erziehung und eine möglichst umfassende Bildung. Denn diese Faktoren haben elementaren Einfluss auf die menschlichen Handlungsentscheidungen und -motivationen.

8. Quellenverzeichnis

1. Homann, Karl/Lütge Christoph : Einführung in die Wirtschaftsethik, Berlin/Münster/Wien/Zürich/London, Lit. Verlag, 1. Auflage Mai 2005

2. Homann, Karl/ Suchanek Andreas: Ökonomik: eine Einführung, Tübingen, Mohr Siebeck Verlag, 2000

3. Höffe, Otfried: Lexikon der Ethik, München, C.H. Beck Verlag, 6. Auflage, 2002

4. Ulrich, Peter: Integrative Wirtschaftsethik: Grundlagen einer lebensdienlichen Ökonomie, Bern, Haupt Verlag ,3. Auflage, 2001

5. Weichedel, Wilhelm: Imanuel Kant Schriften zur Antropologie, Geschichtsphilosophie, Politik und Pädagogik 1 Werksausgabe Band XI, Frankfurt am Main, Suhrkamp Verlag, 1. Auflage, 1977

6. Fritzsche Peter K./ Lohmann, Georg: Menschenrechte zwischen Anspruch und Wirklichkeit, Würzburg, Ergon Verlag, 2000

7. Aristoteles: Nikomachische Ethik hrsg. Wolf, Ursula, Reinbeck bei Hamburg, Rowohlt Verlag, Januar 2006

8. Kersting, Wolfgang: Moral und Kapital Grundfragen der Wirtschafts- und Unternehmensethik, Paderborn, Mentis Verlag, 2008

9. Platon: Sämtliche Werke Band 2, Reinbeck bei Hamburg, Rowohlt Verlag, 30. Auflage, Mai 2004